Teatro

George Cole

Editorial
GC

¿Y el director... dónde está? © 2007, George Cole
La indocumentada © 2008, George Cole
Teatro © 2014, George Cole
Editorial GC
Mayagüez, Puerto Rico
ISBN-13: 978-1515123187
ISBN-10: 1515123189
All Rights Reserved. Derechos Reservados.
www.georgelcole.com

La indocumentada

A todos los que han amado contra viento y marea.

A los que arriesgan su vida para llegar al otro lado.

Personajes

Charles Danford (22 años) Es un joven americano. Adora la cultura hispana. Habla español perfectamente. Siempre se viste como un chico de su edad pero sin mucha sofisticación. Tiende a ser muy tímido.

Julia García (20 años) Es una chica mexicana. Trabaja como empleada doméstica en la casa de los Danford. Se nota que tiene educación en comparación con otros personajes hispanos, está asistiendo a la universidad; es una Dreamer.

Bette Danford (47 años) Es la madre de Charles. Es la típica viuda rica californiana. Se viste de forma elegante, tiene un aire seductor. Aunque es una cougar y se cree una mujer moderna, tiene prejuicios. Habla con un acento americano.

Senador John Smith (67 años) Es americano y republicano. Le interesa el poder y la posición social. Se nota su odio hacia los hispanos en su forma de hablar y en sus gestos cuando interacciona con ellos. Habla con un acento americano.

Louis D'Aubigne (27 años) Es un director de cine prodigio, es de Francia. Es un mujeriego empedernido, disfruta de la vida y siempre está alegre. Habla con un acento francés. Viste de forma elegante, como un personaje de Mad Men. Es el mejor amigo de Charles.

Emilie Smith (21 años) Es americana y la hija del Senador Smith. A diferencia de su padre se nota que es una chica compasiva. Es educada, alegre y muy intuitiva. Habla con un acento americano.

Heather Scott (21 años) Es americana y rubia, la estereotípica Valley Girl. Sueña con ser una actriz famosa. Es la mejor amiga de Emilie. Habla con un acento americano.

Claudia López (23 años) Es mexicana y la mejor amiga de Julia. Tiene un acento mucho más marcado que el de Julia. Está embarazada, seis meses.

Jorge Pérez (59 años) Es el mayordomo de los Danford. Se comportara como un padre cuando interacciona con Julia y Charles. Su hablar es pausado, cariñoso. Se percibe que es un hombre de origen rural.

Bouncer (32 años) Es el típico gorila que se encuentra trabajando en la entrada de los clubes nocturnos de moda.

Los coyotes (entre 37 y 40 años) Visten a la manera norteña. Se nota su falta de educación y su poca empatía.

Narrador (28 años) Es puertorriqueño. Viste como el típico escritor bohemio. Siempre hablará usando un tono juguetón, pero a medida que las situaciones se van poniendo más serias usará un tono compasivo, reflexivo, a veces cínico.

Grupo de jóvenes a las afueras del club nocturno
Todos visten a la moda, gente hermosa.

ACTO ÚNICO

(El escenario estará dividido en tres áreas. A la izquierda del espectador habrá una zona donde tendrá lugar la escena en el club nocturno y la de los coyotes.

En el centro se encuentra la sala de la casa de los Danford donde se llevará a cabo toda la acción. El decorado refleja su posición social, aunque hay muebles de buena calidad y antigüedades, se nota su condición económica.

A la derecha hay un pequeño escritorio y una silla. Este será el espacio del Narrador. El uso de luces debe dejar ver que la acción ocurre durante una noche bohemia.
Todos los demás detalles se dejan en manos del director.)

(Se abre el telón. Se va iluminando el espacio del Narrador.)

ESCENA 1

Narrador: (Declamando en el estilo melodramático de una representación del siglo XIX.) "¡Julia, ídolo mío! Sólo la mentira pudo apartarme de ti; pero si vivieras, nadie, lo juro, podría arrancarme de tus brazos.
¡Dios hará justicia!"

(Mirando al público.) ¡Qué cursi! Es increíble cuán melodramáticos solían ser los dramaturgos decimonónicos. Lo peor es la gran influencia que muchos de ellos siguen teniendo sobre la cultura hispanoamericana... No me miren con esa cara que es verdad.

¿Alguna vez se han puesto a analizar las veinte mil telenovelas que nos hacen tragar mañana, tarde y noche por la televisión? Bueno, eso no importa ahora...

¿Alguna vez han leído "La cuarterona"? ¿No?, pues es una crítica a la discriminación racial y las diferencia entre clases sociales y cómo destruyen al amor. Ustedes saben, cosas que ocurren todos los días.

No me miren de esa manera, no los estoy engañando, esto sigue ocurriendo.

(Sonriendo.) ¿Ustedes creen que en el mundo del multiculturalismo y de hablar de una manera que no sea ofensiva estos problemas no existen? A la verdad que son muy ingenuos, pero yo pensaba igual que ustedes hasta que me mudé a los Estados Unidos.

Es sorprendente que hasta hace unos años atrás no sabía lo que era un "spic", debo de agradecerle a mi casi-suegra habérmelo explicado; claro que hubiese preferido que me lo hubiese dicho en una mejor ocasión que cuando la escuché explicándole a mi prometida que era una mala idea casarse con un hispano ilegal. Parece que ella no estaba enterada que los puertorriqueños son ciudadanos estadounidenses y que somos tan legales como las personas que nacen en los estados.

No se sientan mal, de hecho me gustaría tener la oportunidad de encontrarme con mi ex-suegrita para

8

agradecerle, si no hubiese sido por ella hoy estaría casado, con hijos, y no podría vivir la vida de soltero que llevo. (Guiñando el ojo.) Pero bueno, esta noche no vinieron a escuchar anécdotas de mi pasado, aunque les puedan parecer interesantes. Prefiero contarles una historia que refleje cómo las cosas no han cambiado tanto desde la época en que Tapia escribió su obra, sólo el nombre de los personajes, quizás el lugar y las víctimas, pero lo demás sigue siendo igual.

Los sucesos que les relataré me los contó un viejo amigo de juerga, Louis D'Aubigne, durante un viaje a Los Ángeles para asistir a una fiesta en la Mansión Playboy...

No me miren así que yo nunca dije que fuese un santo...

(Bajan las luces en el espacio del Narrador y se ilumina la sala de la casa de los Danford. Charles y Jorge están conversando.)

ESCENA 2

Charles: Pero Jorge, ¿estás seguro que no se sabe nada de Julia? Hace tres meses que se fue de la casa y no le dijo a nadie adónde iba.

Jorge: Niño Carlos ya le dije que si supiera algo se lo diría, pero yo no la vi cuando se fue ni me dijo nada.

Charles: Pero alguien tiene que saber algo... Quizás su familia en México...

Jorge: Yo llamé a su casa, pero su mamá no me quiso decir nada.

Charles: Sólo me queda rogar que todo esté bien.

Jorge: Así es Niño...

Charles: Pero no puedo tranquilizarme, el sólo pensar que le haya pasado algo, y yo que no pude explicarle... Y para colmo esta noche...

Jorge: ¿Su fiesta de compromiso?

Charles: Sí, Jorge. Y todo cortesía de mi querida madre...

(Bajan las luces.)

ESCENA 3

(Suben las luces en el espacio del Narrador.)

Narrador: Me imagino que estarán un poco confundidos. Bueno, eso suele ocurrir cuando no se tienen todos los detalles. No se preocupen que les voy a contar; estaría faltando a mi deber como narrador de esta historia si no lo hiciese.
¡Retrocedamos en el tiempo! ¡Oh, qué poderoso me hace sentir eso! Es como si fuera un Dios en el proceso de creación... Ah, pero me estoy desviando del tema...
Remontémonos a una noche de verano...

(Bajan las luces.)

ESCENA 4

(Se ilumina la sala de la casa de los Danford. Charles está sentado cuando aparece Julia.)

Julia: Disculpe no quería molestarle.

Charles: Tú nunca me molestas, al contrario, siempre me alegra verte.

Julia: Su madre quiere saber si piensa salir esta noche con el Sr. Luis.

Charles: Pues se supone que venga de un momento a otro... ¿Por qué no vienes con nosotros?

Julia: Tú sabes que eso no es una buena idea.

Charles: ¿Por qué? No tiene nada de malo que vaya a bailar con una chica hermosa como tú.

Julia: Sabes que es peligroso, en este país para entrar a cualquier sitio te piden identificación y yo no tengo.

Charles: Pues te conseguimos una y ya... eso no es un problema, eso se hace todo el tiempo, aquí hasta los chicos en la secundaria lo hacen.

Julia: Pero qué tal si nos ven y alguien se lo dice a tu madre, estoy segura que a ella le enfadaría mucho

Charles: Déjame a mí preocuparme de ella... (Se miran apasionadamente. Charles se acerca y la toma entre sus brazos.) Sabes que por ti sería capaz de cualquier cosa.

Julia: No seas mentiroso... (Charles la besa.) Será mejor que me sueltes, si tu madre nos ve me mata...

Charles: Julia, olvídate de que ella existe, olvídate de todo... (La vuelve a besar.)

ESCENA 5

(Louis, ha entrado y los ha estado observando.)

Louis: (Aplaudiendo.) ¡Qué hermoso! ¡Bravo! C'est excellent! (Se ríe.) Si tuviese sentimientos lloraría de la emoción, pero como soy como soy sólo disfrutaré de lo cursi que son...

(Julia se suelta del abrazo de Charles.)
Julia: Sr. Luis, qué bueno verle...

Louis: A mí también me alegra verte, ma petite... especialmente desde ciertos ángulos.

Julia: Con permiso. (Sale.)

Charles: ¿Podrías ser más vulgar?

Louis: Moi? Mais qu'est-ce que je fais maintenant?

Charles: Pues las cosas que dices, las que haces...

Louis: Alors, sólo me estaba divirtiendo con la criadita, lo mismo que haces tú... además yo no era el que le estaba haciendo un examen dental...

Charles: Tú no entiendes, ¡yo estoy enamorado!

Louis: Quoi? Anda Charles, yo sé que tú no eres muy diestro a la hora de ligar, pero ¿con ella? Estás cerrándote a todas las posibilidades... ¡Estás echando por el suelo todo lo que te he enseñado!

Charles: Mira, su nombre es Julia. Es una chica encantadora, inteligente, tiene muy buenos sentimientos...

Louis: Y no tiene papeles, no tiene dinero, y ella no se quiere acostar contigo...

Charles: ¿Pero es que sólo piensas en eso?

Louis: No siempre, a veces pienso en mi trabajo como director, y en las obras de caridad que hago.

Charles: ¿Tú?

Louis: Mais bien sur, en ocasiones les hago el favor a chicas como tu Julia, claro, siempre y cuando sean un diez, ocho si ando tomado...

Charles: (Riendo.) No cambias...

Louis: ¿Para qué? La vida es muy corta y hay que disfrutarla. Bueno, ¿ya estás listo para irnos? La noche es joven y promete...

Charles: Ya te dije que voy contigo, pero no quiero que intentes presentarme a ninguna de tus amigas, yo sólo tengo ojos para Julia. Además, la última vez que salimos...

Louis: Charles, no seas tan tonto... No sabes de lo que te pierdes y es mi obligación, como tu mejor amigo, abrirte los ojos. ¡Prepárate, la aventura de esta noche será épique!

(Salen. Apagón.)

ESCENA 6

(Se ilumina el espacio del Narrador.)

Narrador: Es curioso cómo los eventos de una noche pueden afectar la vida de tantas personas. Mientras Charles pensaba cómo decirle a su madre lo que sentía por Julia sin que ésta reaccionara violentamente, Louis intentaba convencerle que ser joven, bien parecido y con dinero en Los Ángeles es lo mejor del mundo.

(Apagón.)

ESCENA 7

(Suben las luces, las afueras de un club nocturno. Se escucha música electrónica. Hay una fila enorme para entrar, todo el mundo viste muy bien, típico look LA. Heather y Emilie hablan mientras esperan poder entrar.)

Emilie: ¿Hasta cuándo vamos a tener que esperar?

Heather: (Habla mientras envía un mensaje de texto.) No sé, en estos clubes nunca se sabe...

Emilie: (Aburrida) Pero ya llevamos dos horas esperando, ¿no crees que es mejor irnos a otro lugar?

Heather: Pero éste es uno de los mejores clubes en Los Ángeles. Además, nunca sabes a quién vas a conocer.

(Entran Charles y Louis.)

Charles: Pero creía que íbamos a ir al Viper Room...

Louis: Por favor Charles, ese sitio está muerto; ya nadie va ahí...

Charles: ¿Estás seguro que podremos entrar?

Louis: Oui, conozco al dueño... las reservaciones están a nombre tuyo.

(Charles se dirige adonde el Bouncer. Louis se queda en su sitio y observa.)

Charles: Buenas noches, estoy en la lista...

Bouncer: ¿Nombre?

Charles: Charles Danford.

Bouncer: No estás en la lista...

Charles: (Un poco avergonzado.) ¿Estás seguro?

Bouncer: Ya te dije que no...

(Louis sonríe. Charles regresa a su lugar.)

Charles: No estamos en la lista, vámonos...

Louis: Charles, mon ami, no estás viendo el potencial de la situación. Estamos en la cola de uno de los mejores clubes nocturnos de Los Ángeles, no hay mejor lugar para conocer actrices y modelos en busca de fama...

Charles: No empecemos con eso.

Louis: ¿Qué te parece si jugamos a...?

Charles: (Aterrado.) ¡No!

(Louis se acerca a Emilie y Heather.)

Louis: Bon soir, petites! Ya conocieron a mi amigo Charles. (Mueve a Charles al lado de las chicas.) No se preocupen, es tímido, pero luego de los primeros tres tequilas se transforma...

Emilie: Mucho gusto Charles. Me llamo Emilie, ésta es mi amiga Heather.

Heather: (Aún usando su teléfono.) Hola.

Charles: Encantado, éste es mi amigo Louis.

Louis: (Besándoles las manos.) Enchanté de faire votre connaissance !

Emilie: Mucho gusto.

Heather: Encantada. (Lo mira intentando saber de dónde lo conoce.) Creo que te he visto antes pero no estoy segura.

Louis: (Sonriendo.) Quizás hayas visto alguna de mis películas.

Heather: (Suena más interesada.) ¿Eres actor?

Louis: (Con una sonrisa maliciosa, ya ha jugado a esto.) No, soy director. Louis D' Aubigne...

Heather: (Muy zalamera.) No me digas...

Charles: ¿Ustedes vienen mucho por acá?

Emilie: Es la primera vez que venimos.

Heather: (Molesta.) Y creo que será la última si no podemos entrar... llevamos casi dos horas esperando.

Charles: (A Louis.) No crees que sea mejor que nos vayamos a otro lugar.

Louis: Pero si nos está yendo muy bien, ya conocimos a dos belles femmes. ¡La noche promete! (Dirigiéndose a Heather y Emilie.) Petites, ¿a ustedes les gusta la magia?

Charles: No empecemos con eso...

Louis: Calma...

Emilie: Supongo...

Louis: ¿Qué les parece si para mi primer truco logro que entremos ahora mismo al club? (Todos lo miran escépticos.) ¡Qué poca fe! ¿Quieren apostar?

Heather: (Mirando a Emilie.) ¿Por qué no? ¿Qué quieres apostar?

Louis: Si lo logro, pues lo que yo quiera...

Heather: ¡OK! ¿Y si pierdes?

Louis: Lo que tú quieras... (Heather lo mira como si hubiese atrapado a su presa.) Pero si no te atreves...

Heather: Ok.

Emilie: Tu amigo es todo un personaje...

Charles: Y eso que no se ha empezado a portar mal...

Emilie: No me digas...

Charles: No tienes idea.

Louis: (Se acerca al Bouncer.)Estoy en la lista, Louis D'Aubigne y tres invitados... (El Bouncer les permite la entrada. Louis sonríe.) Adelante...

Heather: (Coqueta.) ¿Qué quieres?

Louis: Lo que yo quiera, ¿no es cierto?

Heather: Sí...

Louis: Un Old Fashioned...

(Heather pasa molesta. Emilie pasa riéndose.)

Charles: ¿Cómo lo lograste?

Louis: Siempre estoy en la lista de los clubes con tres invitados. El esperar en la cola es una excusa para conocer las víctimas de la noche...

(Apagón.)

ESCENA 8

(Se ilumina el espacio del Narrador.)

Narrador: La primera vez que salí con Louis, me hizo lo mismo. Con el tiempo uno se acostumbra a la locura que lo rodea. Al menos, uno siempre se la pasa muy bien...

¿Qué pasó esa noche? Bueno... (Como si les fuera decir algo al público.) Luego se enterarán. Mejor saltemos un poco y enfoquémonos en una visita que será muy importante en esta historia...

ESCENA 9

(Sentados en la sala de los Danford se encuentran Bette Danford y John Smith.)

John: Mi querida Sra. Danford le agradezco que me haya recibido así sin avisarle con tiempo, espero no estar importunándola.

Bette: Para nada Senador Smith, es todo un placer. Y llámeme Bette, todos mis amigos lo hacen.

John: Pues si así es el caso, pues llámeme John, por favor.

Bette: Muy bien, pero, dígame, en qué puedo servirle.

John: Pues Bette, como ya sabe, estoy buscando ganar mi reelección y estoy tratando de visitar personalmente a aquellos donantes que han hecho grandes contribuciones a mi campaña en el pasado y la familia Danford siempre ha sido muy generosa.

Bette: Usted sabe que siempre hemos tratado de apoyar a aquellos servidores públicos que representan nuestros valores y que tratan de velar por el bienestar de este país.

John: Bueno, usted sabe que yo siempre me he esforzado por defender los ideales de nuestra Gran Nación. Pero este año tendremos una campaña difícil... Esos locos de la izquierda cada vez nos complican más las cosas con eso de seguro médico para todos, matrimonios gay, ya sabe. Y cuando no son esos ilegales que vienen a acabar con nuestros recursos y a robarles el trabajo a nuestros ciudadanos.

Bette: Estoy de acuerdo con usted. ¿Desea tomarse algo?

John: ¿Me podría brindar un coñac?

Bette: Por supuesto. Jorge...

(Entra Jorge.)

Tráele un coñac al Senador y a mí una copa de champán.

(Sale Jorge.)

Pues puede contar con nuestro apoyo, de la misma manera en que nosotros podremos contar con el suyo cuando se presente la nueva Acta de Telecomunicaciones...

John: Por supuesto...

(Entra Jorge con los tragos y luego sale.)

John: Por amigos que se apoyan...

Bette: ¡Salud! Y ya que terminamos de hablar de negocios porqué no se queda a cenar con nosotros, me gustaría que conociese a mi hijo Charles. Acaba de graduarse de la universidad con un título en ciencias políticas, con excelentes calificaciones por supuesto, quizás usted podría "orientarle" sobre dónde hay un buen futuro para alguien como él. Yo preferiría que trabajase en nuestra empresa, pero él es muy terco y dice que prefiere estar en contacto con la gente y no detrás de un escritorio haciendo negocios...

John: Quizás lo podríamos convencer de trabajar en mi equipo de campaña, a lo mejor eventualmente podría formar parte de mi staff en Washington luego de que gane la reelección, claro está.

Bette: Pues me parece muy buena idea...

John: ¿Qué le parece si esta noche hablo con él? Por cierto, mi hija vive aquí... estudia en UCLA, cinematografía, si no le molesta, ¿podría venir conmigo esta noche?

21

Bette: No faltaba más, y quién quita, a lo mejor los chicos se llevan bien y terminamos emparentados... ¡ja ja ja!

John: Podría ser...

(Apagón. Se enciende el espacio del Narrador.)

ESCENA 10

Narrador: ¡Uy! No hay nada peor que tu mamá te quiera empatar con una chica que no conoces. Recuerdo que cuando era adolescente mi madre solía obligarme a ir a quinceañeros y bailes con las hijas de sus amigas cuando éstas no tenían pareja...

Si hubiesen sido chicas guapas no hubiera tenido tantos problemas, pero parece que siempre intentaba buscar a las más feas o las más aburridas, como si disfrutara atormentándome. En más de una ocasión no me aparecí y los problemas que me busqué.

Lo peor ocurría cuando en la fiesta conocía a alguna jevita que estaba súper buena, entonces me desaparecía y cuando andaba en medio de un grajeíto, bum... aparecía la monstruito y la cosa se ponía incómoda.

Hablando de situaciones incómodas, esa cena fue un calvario para Charles, ya saben las consecuencia de una noche de fiesta con Louis... salir con él equivalía a vivir en el mundo de las tres Bes: Baile, Botella y Bellaqueo...

(Se apaga la luz.)

ESCENA 11

(Se ilumina la sala en ésta se encuentra Charles de pie, en eso entra Emilie.)

Emilie: ¿Estás bien?

Charles: Sí, un poco sorprendido de verte aquí. No sabía que mi madre conocía a tu papá.

Emilie: Parece ser que se conocen hace tiempo... asuntos de negocios y políticos. Es increíble que no nos hayamos conocido antes.

Charles: Supongo. Yo no soy muy dado a asistir a eventos de sociedad o los relacionados con la empresa.

Emilie: Y pensar que nos conocimos anoche y no ésta como esperaban ellos.

Charles: ¿Crees que se dieron cuenta?

(Entra Julia, se detiene al ver a Charles y a Emilie hablando.)

Emilie: ¿De qué? ¿De lo que ocurrió anoche?

Charles: ¿Qué pasó?

Emilie: (Coqueta.) No me digas que no recuerdas, con lo cariñoso que estabas anoche.

Charles: (Incómodo.) ¿Yo?

Emilie: Claro, me compraste un trago, me invitaste a bailar, me besaste y luego...

(Julia se va mortificada.)

Charles: ¿Quieres decir que tú y yo?

Emilie: Ja, ja, ja, no, estabas tan tomado que terminaste durmiéndote en el club. No puedo creer que alguien pueda dormir con ese ruido...

Charles: ¿Y cómo llegué aquí?

Emilie: Louis te trajo, después se fue con mi amiga...

Charles: Entonces tú y yo, ¿nada?

Emilie: De lo que te perdiste...

(Emilie sale. Charles se queda solo en el escenario, pensativo.)

ESCENA 12

Bette: (Desde fuera del escenario.) Es un placer tenerte aquí Emilie. (Entra y se dirige a Charles.) Es una chica encantadora, ¿no crees?

Charles: (Nervioso.) Sí...

Bette: ¿Qué ocurre?

Charles: Mamá, yo ya conocía a Emilie. La conocía anoche en un club al que fui con Louis.

Bette: ¿Y qué? Eso quiere decir que a los dos les gusta divertirse... Estoy segura que encontrarán que tienen muchas cosas en común.

Charles: Mamá, ¿qué estás tramando?

Bette: ¿Yo?, nada. Sólo estoy diciendo que es bueno que descubran que tienen cosas en común. Siempre he dicho que me gustaría para ti una chica que esté a tu altura, que tenga buenos principios, que venga de una buena familia...

Charles: No empecemos con eso...

Bette: No tiene nada de malo que vayas pensando en sentar cabeza, en planificar tu futuro. Y la hija de un senador podría ser...

Charles: (Molesto.)¡Ya te he dicho que yo escogeré con quién me caso! ¿Por qué insistes en quererme buscar pareja? Yo me quiero casar por amor, no conveniencia.

Bette: (Tratando de calmarlo.) Charles, yo quiero que te cases por amor, pero nunca está demás en también buscar otras cosas en un matrimonio. Si consigues a alguien que te ama y puede ayudarte con tu futuro, pues me parece que es un buen negocio.

Charles: (Saliendo molesto.) ¡Para ti todo es un negocio!

(Bette suspira y sale de escena.)

ESCENA 13

(Entra Julia a escena, triste, sollozando. Se sienta en una silla. Jorge entra y la encuentra en ese estado.)

Jorge: ¿Qué te pasa?

Julia: Nada.

Jorge: No me mientas mi'ja que a mí no me puedes engañar. Estas canas no quieren decir que estoy senil, sino que tengo experiencia.

Julia: Jorge, ¿por qué es tan difícil vivir en este pinche país?

Jorge: ¡Deja las groserías! A ver, ¿por qué lo dices?

Julia: Trabajamos muy duro, tratamos de ayudar a nuestras familias, queremos vivir, amar... y siempre todo termina mal.

Jorge: No seas tan pesimista. Las cosas no son tan negras como las pintas.

Julia: ¡Ay, Jorge! ¿No te arrepientes de haber venido a este país?

Jorge: Al principio pensaba que había sido una mala idea, pero luego me di cuenta que los Estados Unidos les abren las puertas a todos y que se puede progresar. Pero estoy seguro que esto no tiene que ver con dinero, ni con cosas de papeles... Es por el Niño Carlos, ¿verdad?

(Julia se sorprende.)

No hay razón para que reacciones así, ya sabía que entre ustedes dos había algo.

Julia: Tú lo has dicho... había.

Jorge: Pero, ¿qué pasó?

Julia: ¡Anoche estuvo con esa pinche gringa desabrida!

Jorge: Pero si se acaban de conocer, eso no es posible.

Julia: ¡Mentira! Yo los escuché hablando de su noche maravillosa.

Jorge: Muchacha, no es correcto estar escuchando conversaciones ajenas. Por estar de metiches a veces metemos la pata. ¿Por qué no hablas con él y aclaras las cosas?

Julia: ¿Para qué? Aunque no fuera verdad lo que escuché, ¿qué importa? La Sra. Danford se ve muy contenta con la idea de verlos juntos. ¿No te fijaste cómo se ha pasado todo el tiempo buscando la manera de que se queden solos?

Jorge: Preocúpate más por el Niño Carlos y no por su madre. Él es un hombre hecho y derecho y, si te ama, estoy seguro que no le importará lo que piense su madre. Pero primero habla con él y escúchalo.

(Se escucha la voz de Bette.)

Bette: ¡Jorge!

Jorge: Me voy que la señora me está llamando. Piensa en lo que te dije... habla con él.

(Jorge sale. Julia se queda pensativa. Apagón. Se enciende el espacio del Narrador.)

ESCENA 14

Narrador: Pero Julia no tuvo oportunidad de hablar con Charles. Bette consiguió convencer a su hijo de que aceptara la oferta de trabajo que le hizo el Senador Smith. Y durante las siguientes semanas estuvo trabajando en varias actividades de la campaña de reelección del senador, incluso viajó con él a Washington para conocer a su equipo de trabajo.

Por si fuera poco comenzó a hacer una muy buena amistad con Emilie y fueron a varios eventos sociales juntos. Emilie siguió con sus planes de enamorarlo y Charles continuó pensando en Julia; la pobre al no poder hablar con él se fue preocupando cada vez más.

(Apagón.)

ESCENA 15

(Se encienden las luces en la casa de los Danford, Julia está sacudiendo los muebles. Charles entra y la abraza por detrás.)

Charles: ¿Me extrañaste?

Julia: (Se suelta.) ¡Déjame!

Charles: ¿Qué te pasa?

Julia: Y todavía me lo preguntas...

Charles: No entiendo, ¿qué te ocurre?

Julia: Nada, que me he dado cuenta de cuál es mi lugar en esta casa y en tu vida.

Charles: ¿Qué pasó? ¿Mi madre te dijo algo? ¿Qué te hizo?

Julia: ¿Ella? Nada, tú...

Charles: ¿Yo?

Julia: No me has dicho nada con palabras pero tus acciones...

Charles: No comprendo, ¿a qué te refieres?

Julia: Ya no te veo, no hablamos... estás todo el tiempo con la pinche gringa ésa. Y para colmo...

Charles: Emilie es sólo mi amiga. A veces vamos a actividades juntos, pero no hay nada entre nosotros.

Julia: ¿Por qué me mientes? Si hay algo que admiraba de ti era tu sinceridad.

Charles: (La agarra intentando aplacarla.) Pero si yo nunca te he mentido, entre ella y yo no hay nada que no sea una buena amistad.

Julia: (Lo mira fijamente.) Tú sabes que lo que pasó entre ustedes cambia todo y después de tantas promesas que me hiciste.

Charles: Yo nunca te he fallado, me duele que pienses así.

Julia: Tú debiste haber pensado en eso antes de encamarte con la Emilie ésa.

Charles: Pero ya te dije que entre ella y yo no pasó nada, ¿por qué no le preguntas a ella?

Julia: ¡No tengo que preguntarle nada!

Charles: (Frustrado.) ¡Ya está bueno! Estoy cansado de esto, ya te dije la verdad, si no me crees pues... ¡al demonio con todo!

(Charles sale. Julia se queda en escena, de momento comienza a sollozar.)

ESCENA 16

(Bette entra, aparentemente ha estado escuchando la conversación. Se dirige a Julia.)

Bette: ¿Qué pasa Julia?

Julia: (Sorprendida.) Sra. Danford... nada...

Bette: (Confortándola.) Vamos muchacha, no mientas. Siéntate cuéntame qué te pasa. (Sentando a Julia.) Soy tu patrona, siempre he sido muy buena contigo. Puedes confiar en mí.

Julia: No se preocupe señora, son problemas perso...

Bette: ¡Ah! Ya veo, problemas del corazón... (Julia la mira sorprendida, no sabe cómo responder. Intenta hablar, se detiene. Bette sonríe parece una víbora jugando con su presa.) Anda, cuéntame. Después de todo ambas somos mujeres.

Julia: Es que yo estoy...

Bette: Enamorada.

Julia: (Asustada.) Yo...

Bette: No te sonrojes, no tiene nada de malo. Y... ¿quién es el chico?

Julia: Señora, es mejor que yo no... ay, no puedo decirle... es que su...

Bette: ¿No me digas...? (Aparenta estar sorprendida.) ¿Charles?

Julia: (Se levanta.)Perdóneme, yo no quería...

Bette: Cálmate, no te culpo, mi hijo es un joven muy bien parecido, educado, blanco. Estoy segura que no será la primera vez que una cosa así ocurra... una chica como tú... Y, ¿ha pasado algo entre ustedes?

Julia: ¡No! Le juro que no...

Bette: No me mientas Julia, esto es algo muy serio.

Julia: Ya le dije que no señora, le aseguro que le digo la verdad.

31

Bette: ¡Cuánto me alegra escuchar eso! En este momento no necesitamos complicaciones...

Julia: ¿A qué se refiere?

Bette: Pues, que todo parece indicar que Charles está por pedir la mano de Emilie. No necesitamos un escándalo.

Julia: ¿Qué? ¿Está pensando en casarse con ella?

Bette: ¡Sí! (En tono de burla.) ¿No me digas que tú pensabas que entre tú y él había algo serio? ¡Vamos chica no seas ingenua!

Charles tiene muy claro que su futuro es lo más importante y que una chica como Emilie sería vital para mantener su posición social y tener éxito.

Julia: Pero...

Bette: No sabes que es muy común entre chicos de sociedad como mi hijo tener aventuras con las chicas del servicio, pero eso es pura diversión, nada más.

Julia: (Sin poder contenerse.) ¡Pero él me dijo que me amaba!

Bette: (Airada.) ¡No seas idiota, eso es imposible! Mi hijo no va a arruinar su futuro por una criada indocumentada como tú.

Yo no pienso permitir que todo se vaya por la borda por tu culpa, más vale que te vayas de esta casa y no regreses por tu bien. Y no le digas nada a mi hijo o me aseguraré que te deporten...

Piensa muy bien lo que vas a hacer, estoy segura que no me querrías como enemiga.

(Sale. Julia queda sola en escena. Apagón.)

ESCENA 17

(Se enciende la luz en el espacio del Narrador.)

Narrador: Bette Danford es una mujer de armas tomar, no esperó a ver si Julia le hacía caso o no. Aprovechando que Charles estaba furioso con Julia y que había decidido irse ese fin de semana con Louis a Las Vegas a olvidar las penas en cierta convención que no voy a mencionar... doña Bette mandó a Jorge a hacer unos mandados y llamó a la Migra. Llegaron al humilde apartamento de Julia y se la llevaron sin mucho esfuerzo.

La pobre chica pasó casi veinte días en el Centro de Detención de Mira Loma hasta que finalmente la deportaron.
Charles no se enteró de lo que hizo su madre, intentó localizar a Julia, pero sin éxito. Su madre se encargó de que hubiese rumores de que ésta se había marchado con un chico con el que llevaba meses teniendo una relación.

Charles, celoso y aún molesto, creyó todo. Para olvidar comenzó a ver a Emilie como la solución a su mal de amores y luego de dos meses y medio de estar saliendo le pidió que se casara con él.

Bette estaba contentísima y comenzó los preparativos para la espectacular fiesta de compromiso de su único hijo y la hija del senador.

Mientras tanto, Julia ya estaba en México y una tarde...

(Apagón.)

ESCENA 18

(Se ilumina el lado izquierdo del espectador. Julia y Claudia hablan en el mercado.)

Claudia: Julia, yo sigo pensando que exageraste con el pobre gringuito. Pa' mí que se puso así porque le reclamaste demasiado y sin pruebas.

Julia: ¿Cómo que sin pruebas? Ya te dije que los escuché hablando...

Claudia: Pero, ¿qué escuchaste? Una conversación a medias... ni siquiera esperaste a ver qué más le decía.

Julia: ¿Pero te parece poco?

Claudia: No es lo que me parece a mí sino a ti. Es como si quisieras pensar lo peor. ¿Segura que lo hizo? ¿Lo viste besándola o abrazándola?

Julia: No...

Claudia: Pos exageraste, ni siquiera lo dejaste hablar. Por lo que me cuentas de esa conversación y la relación que tenían yo creo que no pasó nadita de nada.

Julia: Pero yo vi a la pinche vieja ésa con él acarameladitos y contándole lo que habían hecho la noche antes...

Claudia: Pos, sigo sin creer que haya pasado algo. Ella le estaba diciendo cosas y él ni se daba por enterado. Pa' mí que la gringa lo que quería era engatusarle.

Julia: ¿Qué?

Claudia: ¡Ay chica, eso lo hacemos todas! Si tú salieras más a menudo y fueras menos santurrona a lo mejor sabrías a lo que me refiero. Yo estoy segura que el güerito está enamorado de ti y tú por terca y celosa te lo perdiste, hasta Green Card hubieras agarrado.

Julia: (Titubeando.) ¿De verdad crees que me quería?

Claudia: Claro tonta, pero ya qué más da.

Julia: Tengo que hacer algo, hablar con él... a lo mejor todavía puedo arreglar las cosas.

Claudia: Pero estás acá, y él al otro lado. No sé si te has dado cuenta pero existe algo que se llama "la frontera".

Julia: Pero se puede cruzar...

Claudia: ¿Cómo lo vas a hacer? Cada día se hace más difícil. Los gringos no nos quieren allá, nomás pa' trabajar. Si fuera por ellos nos tendrían trabajando todo el día y por la noche nos daban una patada y pa'l otro lado del muro.

Julia: Pues yo ya la crucé una vez con unos amigos de la prepa, seguro que lo puedo hacer de nuevo.

Claudia: Pero el que lo hayas hecho una vez no quiere decir que lo hagas de nuevo. La primera vez tuviste suerte, si te agarran ahora que te acaban de deportar te puede ir muy mal.

Julia: En esta vida todo es posible si se tiene fe. Yo estoy seguro que mi Virgencita de Guadalupe no me va a abandonar.

Claudia: Sí, pero la otra vez fuiste acompañada por tus cuates, esta vez irías sola.

Julia: Sí, pero mucha gente va para allá, no estaré sola.

Claudia: No sé, a mí me parece algo muy peligroso.

Julia: (Ingenua.) A lo mejor podría usar algún coyote... me quedan algunos ahorros y esto es algo tan importante...

Claudia: ¡Oye, eso de coyotes no! ¡Prométeme que no lo vas a hacer!

Julia: Pero, ¿por qué?

Claudia: Julia, tú no sabes lo peligrosos que son. Esos sinvergüenzas se aprovechan de la desgracia ajena. Muchas veces se roban el dinero y te abandonan en el medio del desierto donde te agarra

36

la Migra. Otras te violan y te dejan tirada. En el peor caso te pueden...

Mejor ni pensemos en eso. Manita, prométeme que no pensarás en eso de coyotes...

Julia: Está bien.

Claudia: Ya encontraremos una manera de resolver tu problema...

(Apagón.)

ESCENA 19

(Se enciende la luz en la casa de los Danford, Charles y Louis están sentados. Tienen unos tragos y unos puros en las manos, se preparan para la fiesta de compromiso.)

Louis: ¿Estás seguro de lo que vas a hacer? Mira que hay muchísimas chicas en este mundo.

Charles: Sí, ya tomé mi decisión.

Louis: Pero siempre puedes cambiar de opinión y echarte para atrás. No olvides lo que pasó en Las Vegas, finalmente tuviste éxito con aquella chica que conocimos en Tao Beach.

Charles: (Sonríe.) Eso fue porque le dijiste que yo era el productor asociado de ese programa de televisión.

Louis: ¿Y qué? Fue algo épico... Por primera vez me seguiste la corriente y te divertiste, aquella chica estaba buenísima.

Charles: Supongo que debería estar contento...

Louis: Imagina cómo va a ser tu despedida de soltero, ¡va a ser épica con "E" mayúscula! (Charles lo mira con tristeza, encogiéndose de hombros.) ¿Qué te ocurre?

Charles: Nada...

Louis: Vamos Charles, mon ami, estás por comprometerte y eventualmente casarte... yo también estaría deprimido si estuviera a punto de dar ese paso... Uy, Mon Dieu! (Se sacude como si tuviera escalofríos.)

Charles: No es eso, Emilie es una chica muy buena, inteligente, guapa...

Louis: De buena familia, con dinero, con un papá senador, y ella sí no te tiene en abstinencia...

Charles: (Sonríe melancólico.) No cambias...

Louis: ¿Para qué? Si lo hiciese la vida sería aburridísima. Dime qué te pasa...

Charles: Es... (Se contiene.)

Louis: Julia... No me digas que aún no olvidas a la criadita...

Charles: ¡No la llames así!

Louis: (Hablando en serio por primera vez.) Ah, entonces es eso. Charles, hemos sido amigos por años si no estás seguro de lo que vas a hacer no lo hagas.

Charles: (Lo mira confundido.) ¿A qué te refieres?

Louis: Mon ami, incluso yo sé que esa idea de un clavo saca a otro clavo no funciona. Al menos a largo plazo, a corto es maravilloso sobre todo con chicas que están emocionalmente vulnerables... bueno, me estoy desviando del tema; el punto es que si te estás comprometiendo para olvidar a Julia no pierdas tu tiempo.

Charles: (Bromeando, pero triste a la vez.) ¿Estás seguro que no me lo estás diciendo porque no quieres perder a tu "wingman"?

Louis: (Sonriendo.) Por favor si tú nunca has sido bueno para eso, mira que por eso estás por ponerle un anillo de compromiso a Emilie en su dedito...

Charles: Louis, gracias...

Louis: Pour quoi?

Charles: Por ser un buen amigo. (Lo abraza.)

Louis: Laisse-moi tranquille... no te pongas sentimental que se te va a correr la mascara. (Se dispone a salir.)

Charles: ¿Sabes que Heather va a estar aquí y no deja de preguntar por ti?

Louis: (Se detiene preocupado.) No me lo recuerdes, ya tuve que cambiar mi número de teléfono dos veces. A mala hora me metí con ella, ahora tengo a mi acosadora personal. Au revoir...

(Louis sale. Charles queda solo en escena, suspira se levanta. Apagón.)

ESCENA 20

(Se ilumina el espacio del Narrador.)

Narrador: Aunque Charles estaba convencido de que quería comprometerse con Emilie, estaba en una situación difícil de escapar. Los invitados ya habían comenzado a llegar, su madre estaba contentísima, Emilie sonreía... pero no, Julia no había confiado en él, se había ido sin decir nada, algunas personas decían que se había marchado con otro... tantas cosas en la cabeza...
No, ya había decidido casarse con Emilie, era un buena chica, él sería feliz con ella.

(Apagón.)

ESCENA 21

(Se enciende la casa de los Danford. La fiesta de compromiso ha comenzado. Los invitados estarán divididos en pequeños grupos en los que tendrán lugar sus escenas.)

Bette: Todo parece estar yendo bien, ¿no cree John?

John: Sí Bette, hoy celebramos el compromiso de los muchachos y la semana que viene posiblemente estemos celebrando mi reelección.

Bette: Y luego la boda... hay tanto detalles que ultimar.

John: ¡Así es!

Louis: Cálmate Charles, parece que vas a tener un ataque al corazón.

Charles: Son los nervios...

Louis: ¿Qué te parece si te busco un trago para que te tranquilices? (Va a dirigirse hacia la barra cuando se encuentra con Heather.)

Heather: ¡Hola Louis! ¿Dónde has estado? Cualquiera diría que te has estado escondiendo de mí.

Louis: Moi? Mais no, es que he estado muy ocupado con varios proyectos... (Toma una copa de la bandeja de Jorge.)

Heather: (Le quita la copa de las manos.) Gracias. (Lo toma del brazo.) Y ya que estamos aquí porque no me cuentas que has estado haciendo, sabes que quiero saber todo de ti. Cuéntame sobre tu nueva película, ¿ya tienes a la protagonista?

(Heather se lleva a Louis a un lado dejando a Charles solo, en eso llega Emilie y se acerca a éste.)

Emilie: Respira, parece que te vas a desmayar. Se supone que yo soy la que debo estar nerviosa.

Charles: Lo siento.

Emilie: No quiero imaginarme cómo será el día de la boda. Si los dos nos ponemos así será necesario tener una ambulancia cerca.

Charles: (La abraza.) No te preocupes que todo saldrá bien.

Emilie: Eso espero...

Charles: Es curioso...

Emilie: ¿Qué?

Charles: Cómo el destino juega con nosotros... Pensar que te conocí una noche de fiesta con Louis. Hoy estamos por comprometernos y eventualmente casarnos. Es como si una fuerza sobrenatural nos moviese por caminos misteriosos, como si no tuviéramos escapatoria...

Emilie: (Lo mira extrañada.) Yo nunca he sido muy creyente en esa idea del destino. Siempre he pensado que nosotros tomamos nuestras propias decisiones y que, a la larga, tenemos que ser responsables por éstas y de todos nuestros actos.

(Jorge entra con el teléfono en la mano y se dirige adonde está Charles.)

Jorge: Disculpe Niño Carlos (Lo lleva aparte.) es para usted... es Toño, el amigo de Julia...

(Charles lo mira nervioso, confundido. Toma el teléfono.)

Charles: Bueno...

(Todo el mundo se congela en la fiesta. Se apaga la luz en escena.)

ESCENA 22

(Se ilumina el área del Narrador, mientras cuenta lo que le sucedió a Julia en la frontera se iluminará el espacio designado para esta escena al lado izquierdo del espectador.)

Narrador: Esa fue la llamada que cambió la vida de Charles por completo. Entre sollozos, la madre de Julia le dijo que ella había muerto en la frontera.

Julia había decidido regresar a este país y luchar por el amor de Charles. Este le había prometido que se casaría con ella y que no le importaba lo que su madre dijese. Pero no pudo esperar a que él viniese por ella y decidió regresar a California de la misma manera que lo había hecho la primera vez, a través de la frontera. En esta ocasión ingresaría al país gracias a unos coyotes.

A estos hombres los conoció mediante un amigo del barrio. Pedro y Juan (así se llamaban) le aseguraron que podrían ayudarla a entrar a Estados Unidos por Arizona y que, una vez en Phoenix, podría llegar fácilmente a Los Ángeles. Los dos coyotes le cobraron casi $5,000. Julia gastó el poco dinero que le quedaba y emprendió el duro trayecto que la llevaría a reunirse con el amor de su vida; además si se casaba con Charles también podría resolver su problema migratorio. ¡Cuántas ilusiones! ¡Cuántos sueños!

Una cálida noche de verano en el desierto de Arizona, cerca de Nogales, Julia caminaba junto a los dos hombres que le habían prometido llevarla sana y salva al Vecino del Norte. Aún de noche el calor es insoportable y sientes que te vas a desmayar. Julia caminaba entre los dos hombres; pobre, no sabía lo que le esperaba.

Mientras ella soñaba despierta con su futuro, los hombres imaginaban otra cosa. Cuando Julia no los miraba, ellos la desvestían con la vista y tramaban.

En medio del desierto uno de ellos la agarró, Julia forcejeo... (Apagón en el área en el que se representan los eventos en la frontera.)

Tres días después agentes de la patrulla fronteriza descubrieron el cuerpo de una mujer en medio del desierto. La autopsia reveló que había sido violada por dos hombres y que había muerto a causa de un corte que le habían hecho en el cuello. Fue una muerte lenta y llena de dolor. Su madre supo la suerte de su única hija tres semanas después.

Cada año mueren más de quinientas personas en la frontera tratando de entrar ilegalmente a los Estados Unidos. La solución al problema migratorio no es sencilla y cada vez se complica más. Mientras los líderes de ambos países discuten el asunto, las cifras siguen creciendo. Lo peor del caso es que nadie presta atención a las tragedias que se producen.

Charles después de la noticia no pudo continuar con la idea del compromiso. Se fue de su casa luego de una fuerte discusión con su madre luego de descubrir lo que ésta había hecho. Aunque él no tuvo que ver directamente con lo ocurrido, le tomó mucho tiempo dejar de culparse.

Eventualmente se fue a trabajar para una organización en Pro de los derechos de los inmigrantes, como si esto le ayudase a expiar la culpa.

Para mí que era con la intención de evitar que otras personas pasaran por lo que Julia y él habían sufrido. Pero ésa es sólo mi humilde opinión y no una prognosis.
De todas maneras amigos, creo que ya es tarde y supongo que tendrán muchas cosas que hacer...

Me despido de ustedes, pero antes quiero dejarles algo muy claro... Yo no pretendo dar mi opinión de cómo resolver el problema, no sé cómo hacerlo, además, no es mi función. Sólo me corresponde presentarlo y tener esperanza en que ustedes piensen en ello... y que quizás juntos encontremos una solución.

(Apagón.)

Lubbock, Texas
De enero a marzo de 2008

¿Y el director... dónde está?

A la gente del Teatrito.

Personajes
(En orden alfabético)

Adrián

Amanda

Ana

Carlos

Carolina

Cristina

Dora

Ernestina

Estela

Pedro

Ramona

Ricardo

Tamara

Víctor

Voz del luminotécnico

El Director

Para el montaje de esta pieza se pueden incorporar obras cortas cómicas de un acto o escenas que tengan elementos de comedia física; lo importante es que sean para tres actores.

ACTO ÚNICO

(Es tarde, la noche antes del estreno del nuevo proyecto teatral de Producciones Teatreque. En el escenario hay tres sillas donde están sentados Pedro, Dora y Ramona tratando de repasar sus líneas. Sobre una escalera, arreglando unas luces, se ve a Adrián, el asistente del director, al que todos llaman a sus espaldas "el Miserable". Las cosas no están listas, no se han terminado las piezas de escenografía, hay problemas técnicos por doquier, y el Director no aparece.)

Pedro: Oye, ¿hasta cuándo vamos a ensayar sin Alejandro?

Dora: No sé. A mí me dijeron que había tenido una discusión con el productor y que le dijo que él no perdía el tiempo con dictadores de cuarta.

Ramona: Ay, yo no me preocuparía tanto por eso, sino por la ausencia del Director. ¿Cómo vamos a poner esto en escena si todavía no hemos tenido un ensayo general?

Dora: La cosa anda mucho peor aún. (En voz baja.) Mira, Ana estaba contando en el camerino que el productor se gastó casi todo el dinero en la recepción y ya no quedan fondos para cuestiones técnicas.

Ramona: Sí, y para colmo desperdiciando dinero en contratar a...
(Adrián comienza a interesarse en la discusión, éste puede ser su momento de tomar el control.)

50

Adrián: Dejen de estar hablando de más, aquí el problema es que el productor me debió haber escogido a mí para dirigir, en vez de al "Rey León". Las cosas no estarían así, un tipo como yo tan experimentado y con tanto talento.

(La distracción de Adrián lo lleva a descuidarse y tocar un cable eléctrico. Se escucha una pequeña explosión y se apagan las luces.)

Voz del luminotécnico: Y ahora, ¿qué carajo tocaste?

Adrián: Limítate a arreglarlo. Mira a ver si con esto. (Se escucha otra explosión.) ¡Mierda!

Ramona: Si seguimos así no vamos para ningún lado.

(Se ve una luz, es la puerta que da entrada al teatro. El Director ha llegado. Sólo se escuchará su voz, nunca se verá.)

El Director: ¿Por qué están las luces apagadas? Adrián, ¿qué está pasando? Te dejé a cargo por un momento y te pones a jugar...

Adrián: Fue un accidente, ahora lo arreglo... (Se encienden las luces.) ¡Ya está!

El Director: ¿Cuándo van a terminar con las luces?

Adrián: Ya están listas, es que el diseño fue algo complicado...

El Director: Siempre una excusa nueva. Si no puedes con la responsabilidad de ser asistente, nunca llegarás a ser director. Termina ahí que tienes que ir a supervisar a los chicos de escenografía.

(Adrián sale por la derecha y se lleva la escalera.)

Pedro: (Aparte a sus compañeras.) Mírale la cara al "Miserable", está por explotar. Es que como no pega una...

Dora: ¿A qué te refieres?

Ramona: ¿No has escuchado? Pues mira, resulta que al "Miserable" lo agarraron teniendo relaciones en el camerino con la novia de Pepe...

Dora: ¿Los agarraron con las manos en la masa?

Pedro: No, fue que rompieron un busto que tenía guardado ahí el Director y trataron de buscar a alguien que lo arreglara para que él no se enterara.

Dora: Oye, ¿y Pepe qué dijo?

Ramona: Pues qué va a decir, renunció. Por eso es que la escenografía no está lista. No han podido conseguir a alguien que la haga.

El Director: Bueno y ustedes ¿qué hacen en el escenario? ¿Ya terminaron con el chisme?

Pedro: Nosotros no somos chismosos.

El Director: No me vengan con ese cuento. ¿Tú no fuiste el que le dijo a la reportera que había problemas con Alejandro y que ésta era la producción más caótica en la historia de la compañía?

Pedro: No, ése fue el Miserable...

El Director: Y eso que no eres chismoso... Bueno, arreglen el escenario y díganle al primer grupo que estamos listos para comenzar con su escena.

(Pedro, Dora y Ramona comienzan a organizar el escenario para realizar la primera escena.)

Pedro: Pues yo sólo espero que aparezca Alejandro porque si no, no podremos hacer nuestra obra.

Dora: ¿Y estás seguro que vendrá? Lo último que supe es que se iba para los Estados Unidos.

Ramona: Sí, le ofrecieron trabajo por allá y como aquí no se aprecia el trabajo artístico.

Pedro: M'ija, en ningún lugar se valoran las artes. Hoy en día si no eres ingeniero o político corrupto no progresas.

El Director: Vamos que estrenamos mañana...

(Apagón.)

(Obra corta o escena #1)

(Apagón.)

(Se encienden las luces. Los actores están en escena.)

El Director: Bien, hay que tratar de darle un poco más de velocidad... pero al menos esta escena tiene buen ritmo. Háganla una vez más, luego díganle al otro grupo que se prepare. Tengo que discutir unas cosas con el equipo de publicidad, ya regreso.

Ernestina: Uy, parece que la cosa anda de mal en peor.

Tamara: ¿Por qué lo dices?

Ernestina: Pues chica, estrenamos mañana, la escenografía no está lista, faltan personas del elenco y parece que al Director le va a dar un infarto.

Ricardo: (Dirá todas sus líneas de forma sobreactuada.)Podrían ponerse a ensayar. No podemos estar perdiendo el tiempo.

Tamara: Pero ya escuchaste al Director, nuestra escena está bien.

Ricardo: ¡Ése es el problema! ¿Por qué no pueden ser más profesionales?

Ernestina: O sea, como tú...

Ricardo: ¡Por supuesto!

Ernestina: Pero si tú eres de lo peor. Siempre estás sobreactuando y la única razón por la que te dieron trabajo es porque eres el novio del productor.

Ricardo: ¡Yo soy un primer actor, todo el mundo lo sabe!

Tamara: ¡Ay bendito, no peleen! Mejor nos ponemos a ensayar.

(Ricardo y Ernestina la miran.)

Ricardo: Y ésta, ¿qué se ha creído?

Ernestina: Yo no sé, tras que ésta es su primera obra... ahora también nos quiere dar órdenes.

(Entra Adrián con un perchero y lo coloca en posición.)

Adrián: Hablando de estereotipos, ya sabemos porqué les dieron esos papeles; así no tienen que actuar sino ser ustedes mismos. Eso le pasa a la gente sin talento. (Sale.)

Ricardo: Y este pelele, ¿qué se cree?

Ernestina: Cualquiera que lo escucha hablar creería que se ha ganado un Tony, un Agüeybaná o un Oscar.

Tamara: Yo al menos estoy contenta que no es el Director...

Ernestina: Eso sí...

Ricardo: Pues si no van a ensayar me voy, no estoy para perder el tiempo. Me están esperando... (Sale.)

Ernestina: Seguro que lo esperan, en casa del productor...

(Ernestina y Tamara se ríen y salen del escenario.)

(Apagón.)

(Obra corta o escena #2)

(Se encienden las luces. Los actores están en escena.)

El Director: ¡Paren! Víctor se dice "latidos, pergaminos" el acento va en la i...

Amanda: Tantos años tomando cursos de dicción y no puedes decir correctamente dos palabritas.

Víctor: Y tú como eres tan buena. No sabes matizar, tus personajes son tan aburridos como tú.

Amanda: No me digas, ¿y por qué te casaste conmigo?

El Director: Por favor, vamos a continuar que no tenemos mucho tiempo. No olviden que estrenamos mañana. Hay que darle más ritmo. Amanda necesito más intensidad cuando digas tus líneas.

Víctor: Lo ves, si soy yo que estoy en el escenario y me estoy durmiendo, imagina cómo terminará el público.

Amanda: El problema es que esta obra no hay quien la entienda. ¿Qué les pasa a los dramaturgos? Quieren ser tan experimentales que escriben piezas incomprensibles.

Víctor: Es que se creen que eso los hace parecer más intelectuales.

El Director: Si terminaron de dictar cátedra, ¿podemos continuar trabajando? Vamos a correr la pieza una vez más.

(Víctor y Amanda se colocan en sus posiciones.)

(Apagón.)

(Obra corta o escena #3)

(Apagón.)

(Se encienden las luces. Los actores se encuentran en escena.)

El Director: OK, hay que seguir trabajando. Necesito que la obra fluya con más velocidad, está todavía demasiado estática.

Víctor: Lo ves, lo que yo decía, "ABURRIDA". Y claro que la culpa es tuya, si tuvieras pulso en la vida real.

Amanda: Mira quien habla de pulso, el muerto viviente.

El Director: Dejen la pelea ya...

Víctor: Pues si fueras más excitante...

Amanda: Si tú supieras lo que tienes que hacer sería más fácil.

Víctor: Eso no es lo que dicen mis admiradoras...

Amanda: Porque no te conocen como yo...

Víctor: Pues ya me conocerán...

Amanda: Pues ya escucharás de mi abogado...

Víctor: Y tú del mío...

Amanda: (Saliendo del escenario.) Ya veremos quién sale perdiendo...

Víctor: ¡Ay, mi madre! Ahora sí que termino jodido, con lo que cuesta un divorcio, me voy a quedar en la calle... (Corriendo detrás de ella.) Mi amor, ven acá, tú sabes que te quiero, todo era broma... ja, ja, ja, estaba actuando, ves qué buen actor soy...

El Director: ¡Adrián!

Adrián: (Desde el escenario.) ¡Dígame!

El Director: ¿Se ha resuelto lo de la escenografía?

Adrián: Todavía no...

El Director: ¿Has escuchado algo sobre Alejandro?

Adrián: No... (Sale.)

El Director: Adrián...

Adrián: (Asomando la cabeza.) ¿Sí?

El Director: Tráeme una botella de ron...

Adrián: ¿Quiere cola?

El Director: No, al paso que esto va me la pienso tomar completa, a lo mejor me da un infarto y me puedo olvidar de este barco que va a la deriva...

(Apagón.)

(Obra corta o escena #4)

(Apagón.)

(Se encienden las luces. Las actrices están en escena.)

Dora: Finalmente, nos está saliendo bien, ¿no?

Ramona: Pues parece que de todas las escenas la que mejor está quedando es la nuestra.

Estela: A lo mejor hay algo de cierto en eso de que todo el año es Navidad...

Dora: ¿Y ya saben si apareció Alejandro?

Ramona: Ana me dijo que renunció porque no pudo llegar a un acuerdo con la producción.

Estela: Supongo que Carolina estará contentísima. Como ella siempre se le estuvo regalando y a él no le interesaba.

Dora: Pues tú te sentirás igual, porque a ti te dejó por la chica aquella que tenía un tatuaje en el...

Estela: Eso no es verdad, lo nuestro fue de común acuerdo...

Ramona: No me digas, pues dicen que por eso saliste con el "Miserable" y que fue él quien te ayudó a conseguir el papel en aquel comercial.

Estela: Eso es mentira Ramona "la Mona", mis triunfos son gracias a mi talento. (Sale furiosa.) ¡El problema es que no reconocen a una estrella como yo!

Ramona: Uy, parece que a alguien no le gustó escuchar la verdad.

Dora: ¡Ay, chica! Es que tú eres muy cruel a veces, no deberías ser así.

Ramona: Mira, cruel es el "Miserable". ¿Sabías que ha sido él el que ha provocado todos los problemas con la producción?

Dora: ¿Y por qué?

Ramona: ¿Por qué va a ser? Porque quiere ser el director, como si supiera dónde está parado. Ése no sabe actuar, ni dirigir, ni abrocharse los pantalones, fíjate que los otros días la ex de Pepe...

(Adrián entra para sacar la mesa.)

Dora: Cuéntame lo de la ex de Pepe...

Ramona: Y eso que no te gusta el chisme...

Dora: Pedro es el que dice eso, a mí no es que me guste, pero me entretiene...

Adrián: ¿Todavía están ahí? Esto no es para vagos, váyanse a los camerinos que estamos por empezar el próximo ensayo.

Ramona: Mejor nos vamos no vaya a ser que papi nos vuelva a regañar y nos dé unas nalgaditas.

(Ambas salen riéndose. Adrián comienza a acomodar la escenografía para ensayar siguiente escena.)

Adrián: Ya verán cuando yo sea...

El Director: ¡Adrián!

Adrián: Dígame.

El Director: Alejandro no va a participar en la producción, necesito que busques el libreto, la escena del detective.

Adrián: ¿Para qué?

El Director: Tú vas a hacer su papel.

Adrián: (Aterrado.) Pero si yo no sé actuar.

El Director: Pues tendrás que aprender, cómo vas a ser un buen director si ni siquiera sabes trabajar como actor.

Adrián: Pero yo creía que para ser director no se tenía que ser actor.

El Director: Y tienes razón, puedes ser malísimo como actor y ser un director fabuloso, pero siempre necesitarás saber cómo trabaja el actor para poder dirigir con efectividad. Si no entiendes las necesidades de tu elenco, de tus técnicos, y no sabes cómo lidiar con productores, reporteros y el público, es muy difícil que llegues a tener éxito. Busca al resto del elenco, vamos a comenzar en cinco minutos.

Adrián: Esto no me gusta para nada.

(Apagón.)

(Obra corta o escena #5)

(Apagón.)

(Se encienden las luces. Pedro, Carolina y Adrián están en escena.)

El Director: Adrián, necesito que le des más vida a ese personaje. Parece que estás leyendo una receta de cocina. Recuerda, esta pieza es una comedia.

Pedro: Sr. Director, ¿no podemos tratar de convencer a Alejandro para que haga la escena con nosotros?

Adrián: ¡Oye, qué insinúas! Yo no soy tan malo, y lo puedo hacer mejor que ese pedante.

Carolina: Bueno, Alejandro será un pedante de primera, pero al menos es un buen actor.

Adrián: Claro como te mueres por él. No entiendes que no le gustas. Claro que, como eres tan insoportable, no me extraña.

Carolina: (Golpeándolo.) ¿Qué es eso de insoportable? ¡Imbécil!

El Director: Pueden dejar de discutir y tratar de ser más profesionales. ¡El teatro es un lugar sagrado! Si no pueden comportarse a la altura no deberían estar aquí.

Pedro: Eso siempre digo yo, pero nunca me hacen caso.

Adrián: Ahí vamos... ¡lameojos!

El Director: Ya está bueno. Adrián, encárgate de ensayar con el otro grupo, tengo que ir a hablar con el equipo de publicidad.

Adrián: ¡Muy bien!

Carolina: Bueno, me voy a mi camerino, tengo unas cuantas llamadas que hacer. (Sale.)

Adrián: Seguro que va a llamar al idiota ése.

Pedro: Oye, no hay necesidad de ponerse celoso...

Adrián: ¡Yo no estoy celoso, lo que pasa es que estoy harto de tener que bregar con tanta gente mediocre!

Pedro: (En voz baja.) Por eso es que nadie te soporta, ¡Miserable!

Adrián: ¿Qué dices?

Pedro: Nada, que me voy a ensayar a un lugar más agradable. (Sale.)

(Adrián comienza a organizar el escenario para la próxima escena.)

Adrián: Carlos, Ana, Cristina, prepárense que vamos a comenzar con ustedes. (En voz baja.) Ya pronto me convertiré en el director y los podré a todos en su sitio. (Histérico.) ¡Vamos que no tengo todo el día!

(Apagón.)

(Obra corta o escena #6)

(Apagón.)

(Los actores están aún en escena esperando la crítica del Director.)

El Director: ¡Buen trabajo! Traten de proyectar más las voces, casi no se escuchan en la última fila. Continúen repasando sus líneas, en un momento regreso y seguimos, tengo que hablar con el productor.

Carlos: Bueno, al menos no tenemos los problemas que tendríamos...

Cristina: ¿Qué quieres decir?

Ana: ¿Por qué habríamos de tener problemas?

Carlos: Pues como Cristina tenía dificultades aprendiéndose sus líneas y tú no venías a los ensayos...

Ana: Como si fueras perfecto, no olvides que estabas más preocupado por otros asuntos.

Carlos: Moi?

Cristina: No te hagas el tonto, andabas detrás de Carolina...

Ana: Y luego de Amanda, hasta que se enteró que era casada.

Carlos: Todo el mundo tiene derecho a equivocarse...

Cristina: Pero a ti te pasa con mucha frecuencia (Se ríe.)

Carlos: La carne es débil, no estoy acostumbrado a trabajar con mujeres tan exuberantes, hermosas...

Ana: ¿Y qué somos nosotras gorilas?

Carlos: Pero Ana si tú eres una chica encantadora y talentosa...

Ana: No me digas, y por qué nunca me lo habías dicho...

Carlos: Es que...

Cristina: ¡Sí!, ¿cómo no me lo habías dicho a mí tampoco?

Carlos: (Zalamero.) Es que somos compañeros de trabajo y no me parece apropiado. (Las abraza.)

Ana y Cristina: ¡Aaah!

Carlos: Ustedes son muy especiales, son unas chicas preciosas. (Intenta agarrarles un seno.)

(Cristina y Carolina le agarran las manos y se las tuercen poniéndoles ambos brazos en su espalda en una especie de llave doble.)

Ana: No te vistas que no vas.

Cristina: ¿No te cansas de tratar?

Carlos: Eh...

Ana: Olvídalo Cristina, mejor vamos a ver si Alejandro va a regresar o no.

Carlos: ¿Qué tiene él que no tenga yo?

Ana: ¿Por dónde quieres que empiece?

Carlos: Ja, ja, ja (Sarcásticamente.), muy graciosa... Ah, hoy no es mi día...

Cristina: Ni hoy, ni mañana, ni pasado...

(Salen.)

El Director: Adrián, necesito que llames al elenco, tengo que hacer un anuncio.

Adrián: ¡Actores, al escenario! ¡Vamos que es importante!

(Los actores comienzan a aparecer por diferentes lugares.)

El Director: Damas y caballeros, en primer lugar quiero aprovechar para agradecerles el gran esfuerzo que han venido realizando durante los pasados meses. El nivel de entrega ha sido fenomenal.

(Se escuchan "gracias", "arriba", "bravo" por parte de varios actores.)

El Director: Como ustedes saben hemos tenido varios problemas con nuestra producción: perdimos a Alejandro, Pepe se fue y no tenemos la escenografía lista, sin contar los inconvenientes presupuestarios. Lamentablemente debo darles otra mala noticia, acabo de tener una discusión con el productor, he intentado que se arreglen todos estos problemas, pero no ha querido resolver las cosas. Me ha acusado de incompetente y he sido despedido. Pero no olviden que "la función debe continuar". Para mantener cierta continuidad, Adrián será su nuevo director.

(Todos se miran sorprendidos. Varios se ven asustados, otros molestos.)

El Director: Una vez más, muchas gracias por su excelente labor, espero tener la oportunidad de trabajar con ustedes nuevamente. ¡Hasta la próxima!

(Se ve una luz a la entrada de la sala que indica que el Director se ha marchado.)

Ana: Y ahora, ¿qué vamos a hacer?

Dora: Esto sí que es un problema.

Carolina: Pues yo no trabajo con novatos, me voy. (Sale.)

(Adrián se empieza a ver preocupado. Todos se van acercando para quejarse.)

Pedro: Adrián, yo hablo con Carolina, pero ¿cuándo vamos a tener lista la escenografía?

Amanda: Pues a nosotros nos faltan las plantas.

Víctor: ¿Tú crees que nuestra escena es aburrida? Para mí que es culpa de Amanda.

Amanda: ¡No empieces conmigo! ¡A mí quién me busca me encuentra y el horno hoy no está para galletitas!

Ramona: No se pongan a discutir por favor. Todavía hay que resolver los problemas con las luces, ¿estaremos listos para el estreno?

Carlos: Yo creo que Carolina tiene razón, renuncio. (Sale.)

Cristina: Pues si es así yo me voy. (Sale.)

(Los actores que quedan en escena hacen preguntas. Se escucha una algarabía. Adrián a medida que los actores van haciendo preguntas se ha comenzado a percatar todas las responsabilidades que tiene, y lo difícil que es ser un director.)

Adrián: Pero es que yo... (Está a punto de llorar.) ¡AAAYYYY! ¿Y el director... dónde está?

(APAGON.)

Brownsville, Texas
Enero de 2007

Sigue al autor en Twitter:

@Dr_George_Cole

O en Facebook:

http://www.facebook.com/DrGeorgeCole/

O en su Página Web:

www.georgelcole.com

Made in the USA
Charleston, SC
14 August 2015